AF347159

CHEMIN DE FER

DE

CETTE A MARSEILLE

IMPERIAL. TIMBRE
cen 5

NOTE

SUR LE CHEMIN DE FER

DE

CETTE A MARSEILLE

Par le littoral de la Méditerranée

ET

RÉPONSE AUX OBJECTIONS

PARIS

IMPRIMERIE CENTRALE DES CHEMINS DE FER

DE NAPOLÉON CHAIX ET Cⁱᵉ,

Rue Bergère, 20, près du boulevard Montmartre.

1861

NOTE

SUR LE CHEMIN DE FER

DE

CETTE A MARSEILLE

PAR LE LITTORAL DE LA MÉDITERRANÉE

Des objections sans fondement ayant été élevées contre le projet d'un chemin direct de Cette à Marseille par le littoral de la Méditerranée, cette note a pour but de démontrer l'importance de ce chemin, les nombreux intérêts qu'il dessert, les puissantes considérations sur lesquelles il s'appuie, et de faire justice des oppositions intéressées à l'aide desquelles certaines influences particulières cherchent à en entraver l'exécution. But de cette note.

Indépendamment des avantages considérables qui lui sont propres et des profits qu'elle assure aux capitaux qui s'y emploieront, nulle ligne en France peut-être, ainsi qu'on va le voir, ne réunit à un plus haut degré tous les caractères du plus incontestable intérêt général. Intérêt général et particulier du chemin direct de Cette à Marseille

Proposé dès 1840.

La nature des lieux, leur situation, les besoins de la contrée parlent si éloquemment en faveur de cette ligne, que nous l'avons proposée nous-même, il y aura bientôt vingt-deux ans, dans une brochure à la date du 21 avril 1840, c'est-à-dire longtemps avant l'exécution des chemins de la Méditerranée et du Midi. Depuis, l'étude attentive de la localité n'a servi qu'à nous confirmer davantage dans la pensée de son extrême utilité publique.

Il est indispensable au réseau du Midi.

Le chemin direct de Cette à Marseille est, en outre, indispensable au réseau des chemins du Midi, et, par conséquent, à la prospérité à venir des vastes et riches contrées qu'il dessert (1).

Il faut à ce réseau le Rhône et de bons ports sur la Méditerranée.

Relégué et comme emprisonné au fond de la France, n'ayant de relation avec le Centre et le Nord qu'au moyen des réseaux étrangers de l'Orléans et de la Méditerranée qui le tiennent sous leur dépendance; n'aboutissant, du côté de l'Est, qu'à des ports imparfaits ou insuffisants, le réseau du Midi a nécessairement besoin, pour acquérir les développements auxquels il a droit, de se relier, d'une part, avec le Rhône et le système de na-

(1) Les départements intéressés l'ont bien compris. Aussi, dès cette année, quoiqu'ils n'aient connu qu'au dernier moment et très-imparfaitement le projet du nouveau chemin de Cette à Marseille, huit conseils généraux : les conseils généraux de la Gironde, de la Haute-Garonne, de Tarn-et-Garonne, de l'Ariége, des Pyrénées-Orientales, de l'Aude, de l'Hérault et des Bouches-du-Rhône ont émis pour sa prompte exécution des vœux aussi favorables que pressants.

vigation alimenté par cette grande artère fluviale; de l'autre, avec des ports offrant en tout temps un accès facile et une profondeur d'eau suffisante pour recevoir des navires du plus fort tonnage, tels que les ports de Saint-Louis et de Marseille.

Dans l'état actuel des choses, ce réseau est pour ainsi dire un corps inerte privé de la tête qui, seule, peut l'animer et le vivifier.

Il est donc de la plus stricte justice de lui accorder un complément sans lequel son extension demeurerait à tout jamais paralysée.

Mais si le chemin direct de Cette à Marseille est indispensable au réseau du Midi, il n'est pas moins impérieusement réclamé par l'intérêt général du pays considéré dans sa plus haute signification.

L'intérêt général du pays exige le chemin direc de Cette à Marseille.

Aujourd'hui, pour aller de Cette à Marseille et réciproquement, bien que ces deux villes soient situées sous la même latitude, il faut remonter de 60 kilomètres vers le nord jusqu'à Tarascon et à Beaucaire ; ce qui impose aux voyageurs et aux marchandises un trajet de 205 kilomètres.

Le parcours actuel de Cette à Marseille est de 205 kilomètres. Inconvénients qui en résultent.

Toutes les relations, par terre, de l'Espagne avec l'Italie, de l'Ouest avec l'Est du midi de la France, de Marseille avec Cette, Perpignan, Toulouse, Bayonne et Bordeaux, sont soumises au même détour, et, par suite, grevées de toutes les charges qui en sont la conséquence.

La nouvelle ligne réduit ce trajet à 158 kilomètres.

La différence, à l'avantage des voyageurs et du commerce, est donc de 47 kilomètres.

De plus, les voyageurs qui prennent actuellement la voie ferrée, soit d'Italie en Espagne, soit de Marseille à Toulouse ou à Bordeaux, sont astreints à deux transbordements et à deux arrêts : l'un, à Tarascon, sur le réseau même de la Méditerranée; l'autre, à Cette, au point de jonction de ce réseau avec celui du Midi. De là, des retards, des lenteurs, des embarras, des pertes de temps, qui disparaissent complétement avec le chemin direct de Marseille à Cette et à Bordeaux.

Les voyageurs ne sont pas seuls à souffrir de l'état présent des choses, le commerce en éprouve un préjudice bien plus grave encore, en raison des inconvénients inhérents à un embranchement dont l'exploitation est subordonnée à celui de la ligne principale, et de tous ceux attachés aux exigences du service de deux compagnies distinctes, inconvénients tels, que, malgré les réclamations incessantes des voyageurs et du commerce, ils existent et existeront toujours, parce qu'ils sont inséparables des conditions mêmes dans lesquelles cette portion du réseau de la Méditerranée est construite et exploitée.

Toutes les fois que la branche principale de Lyon à Marseille est encombrée, ce qui est déjà arrivé à diverses reprises, notamment lorsque des années de disette nécessitent de grands transports de céréales et durant les guerres de Crimée et d'Italie, le mouvement des marchandises sur l'embranchement de Cette est momentanément interrompu (1).

Avec le nouveau chemin, au contraire, l'unité de voie, de matériel, de personnel, de trains, de direction, de service, permet au mouvement commercial de s'effectuer avec toute la facilité et toute la régularité désirables.

La rapidité des communications n'aura pas moins à gagner à l'établissement du chemin direct de Cette que leur régularité et leur facilité.

On a déjà vu que le chemin direct de Marseille à Cette diminuait le parcours actuel de 47 kilomètres; cette diminution, jointe aux conditions tout à fait exceptionnelles d'alignements et de pentes du nouveau tracé, permet de réunir dans la marche des trains de voyageurs et de marchandises la plus grande rapidité et la plus grande économie possibles.

Cette partie du réseau du Midi, devenant le prolonge-

____

(1) Nul doute que, cette année, le même obstacle ne se reproduise au grand préjudice de l'industrie et du commerce du Languedoc et de la Guyenne.

Déjà les journaux du Midi se plaignent de l'insuffisance du matériel de la Compagnie pour le transport des céréales et des houilles.

On sait que le Conseil général de l'Hérault, dans sa dernière session, a pris une délibération dans laquelle il reproche au chemin de fer de mettre *quatre jours* pour effectuer ce que *l'ancien roulage* faisait en *vingt-quatre heures!*

·ment naturel de la ligne de Cette à Bordeaux, ne serait plus exploitée comme embranchement seulement, mais comme ligne principale.

Les trains, rencontrant sur les trois quarts de leur parcours un pays parfaitement plat, et n'ayant que trois ou quatre stations à desservir alternativement, marcheraient avec une très-grande vitesse.

L'express, entre autres, pourrait franchir la distance entière en moins de trois heures, tandis qu'il faut aujourd'hui six heures cinquante-six minutes pour aller de Marseille à Cette, et sept heures sept minutes de Cette à Marseille.

Communication assurée entre Marseille et le reste de la France.

Ce n'est pas tout encore. Marseille et Toulon n'ont d'autres communications avec le reste de la France que par le tronc unique qui relie actuellement Marseille à Tarascon. Un accident, un éboulement dans le tunnel de la Nerthe, comme il est récemment arrivé dans le tunnel de Terre-Noire, à Saint-Étienne, et toutes relations sont à peu près complétement suspendues entre Marseille et le Nord, ce qui, dans certaines circonstances, pourrait constituer un désastre public, mais ce qui devient heureusement impossible avec la ligne projetée qui assurerait toujours les relations de la France avec notre riche métropole commerciale de la Méditerranée.

Conditions exceptionnelles du tracé.

De tous les chemins de fer français il n'en est aucun qui offre des conditions de tracé aussi favorables.

Sur les 158,600 mètres de son développement total, 125,230 sont en alignements droits, et 120,750 parfaitement horizontaux.

La longueur totale des rampes est de 19,000 mètres, celle des pentes est de 18,850, ensemble 37,850 mètres; de telle façon qu'à l'aller ou au retour, on ne rencontre jamais devant soi plus de 19 kilomètres de rampes.

10,000 mètres seulement offrent des rampes de 10 millièmes, et 11,800 des pentes de même degré ; sur tout le reste de la ligne, les pentes ou rampes ne dépassent pas 5 millièmes.

Le tunnel le plus long, à travers le massif qui sépare l'étang de Berre de la Méditerranée, n'excède pas 600 mètres, tandis que celui de la Nerthe, sur la ligne de la Méditerranée, n'en a pas moins de 5,000.

Les étangs traversés par le chemin n'ayant pas de profondeur, l'établissement de la voie n'y rencontre aucunes difficultés sérieuses, pas plus qu'au passage du grand et du petit Rhône (1) qui s'effectue au moyen de travées horizontales en fer reposant sur des piles formées par des tubes en fonte de 4 mètres de diamètre (2).

(1) On appelle *grand* et *petit Rhône* les deux bras par lesquels le fleuve se déverse dans la mer. Tous les deux partent d'Arles et enveloppent l'île appelée la Camargue. Le petit Rhône passe à Saint-Gilles; le grand Rhône à Saint-Louis. Ce dernier est le seul qui soit praticable à la navigation de petit cabotage.

(2) On se tromperait fort si l'on redoutait le manque de solidité des terrains traversés par la voie ; ces terrains sont, au contraire, extrème-

Le nombre des stations qui seront alternativement desservies est de treize, en y comprenant les gares extrêmes de Cette et de Marseille.

Enfin, la dépense totale exigée par le chemin ne dépasserait pas 40 millions, et l'exécution pourrait en être terminée en deux années (1).

Ajoutons que l'avant-projet a été dressé avec le plus grand soin par les ingénieurs de la Compagnie du Midi, et que les études définitives qui ont été faites ultérieurement ont donné des résultats plus satisfaisants encore que ne l'avaient fait prévoir les travaux préliminaires.

Direction du tracé.

Le tracé, au sortir de Cette, suit d'abord le rivage de

ment résistants. La tour Saint-Louis, les remparts d'Aigues-Mortes, l'écluse du canal de Sylvéréal, les phares de Faraman et d'Aigues-Mortes, construits sur des sols de même nature, en sont les témoignages irrécusables.

(1) Le chemin de fer de Nice à Sarzana, c'est-à-dire de la frontière française à l'ancienne frontière toscane, est évalué, pour une simple voie, à 350,000 francs par kilomètre, et, si nos informations sont exactes, comme nous le croyons, a été sous-traité pour 300,000 francs. Or, ce chemin se trouve dans des conditions analogues à celles des 38 kilomètres de la nouvelle ligne de Cette, compris entre Bouc et Marseille.

Quant à la partie de cette dernière ligne qui réunit Bouc et Cette, 120 kilomètres, elle ne coûterait certainement pas 150,000 francs par kilomètre.

A ces prix, il est aisé de le voir, on est encore loin des 40 millions que nous croyons devoir indiquer pour rester au-dessus de toutes les éventualités.

la mer, passe ensuite à Aigues-Mortes, côtoie la base du delta du Rhône, traverse le bras principal de ce fleuve, ou grand Rhône, aux abords de la tour Saint-Louis, et dans le voisinage immédiat du canal de grande navigation maritime qui porte ce nom, dessert le port de Bouc et la ville des Martigues, se développe sur la rive méridionale de l'étang de Berre, franchit au col d'Ensuès le contre-fort qui sépare cet étang de la Méditerranée, débouche au port de Niolon, et, de là, longe les bords de la mer pour aboutir définitivement au bassin d'Arenc, à la Joliette.

Au moyen de ce tracé, qui présente en outre l'avantage de réaliser le projet étudié par le Gouvernement en 1836 pour rattacher à Marseille le port de Bouc, la ville des Martigues et l'étang de Berre, le nouveau chemin réunit, par la voie la plus courte possible, l'Espagne et l'Italie, l'est et l'ouest du midi de la France, depuis Nice jusqu'à Bayonne et Bordeaux, ne comprenant pas moins de vingt-deux de nos départements, soit près du quart du territoire français.

Il relie directement entre elles les villes maritimes de Gênes, Nice, Toulon, Marseille, Martigues, Aigues-Mortes, Cette, Agde, Port-Vendres, Barcelone, Valence, Alicante, etc., et indirectement toutes les villes et toutes les régions qui, par les réseaux espagnols, français et italiens, sont en relations intimes et journalières avec les ports du littoral méditerranéen.

Il devient, en outre, un puissant auxiliaire pour la batellerie du Rhône, qu'il ne menace d'aucune espèce de concurrence, attendu sa direction perpendiculaire au cours du fleuve, et à laquelle il assure, en majeure partie, les transports des nombreux produits naturels ou fabriqués échangés entre les régions manufacturières du Nord et les régions agricoles sillonnées par le réseau du Midi.

A ce titre, les villes industrieuses du bassin du Rhône, particulièrement Lyon et Saint-Étienne, ont à l'établissement du nouveau chemin de Cette un intérêt direct beaucoup plus grand qu'on ne serait tenté de le croire au premier abord.

Ce peu de mots suffit pour laisser entrevoir les résultats immenses que doit avoir la ligne du littoral et à quels nombreux intérêts elle répond.

Disons toutefois quelques mots des principaux, parmi lesquels nous citerons : l'amélioration du delta du Rhône, l'avenir de nos salines des bords de la Méditerranée, la création du port Saint-Louis, l'essor du port de Bouc et de l'étang de Berre, les nouveaux et puissants éléments de prospérité apportés au port de Marseille.

Une vaste plaine d'alluvion d'une superficie d'au moins 150,000 hectares a été formée par le Rhône à son embouchure. Cette plaine à laquelle on a donné le nom de *delta*, en raison de la forme qu'elle affecte, et qui a été entièrement créée des limons enlevés depuis des siècles par le fleuve, à l'époque de ses crues, aux fertiles contrées qu'il arrose, et successivement déposés à son embouchure, se compose de terrains renfermant tous les éléments de la plus admirable fertilité, et pourrait, avec un bon système d'irrigation et d'écoulement, ainsi que les deltas du Pô, du Nil et du Gange, devenir la terre promise du riz et du blé.

La prairie arrosée, l'élève du bétail, la culture du jardinage, trois industries agricoles si précieuses dans le Midi, y réussiraient également au delà de toute espérance.

Il y a là une œuvre à la fois bien plus facile et bien plus lucrative à entreprendre que celle accomplie avec tant de labeur, mais aussi avec tant de succès, par la Hollande, dans les polders qui forment aujourd'hui la portion la plus productive de son territoire.

Malheureusement, le delta du Rhône, laissé jusqu'à ce jour en dehors de toutes les grandes voies de communication du pays, est resté sans routes, sans chemins, sans moyens de relations, et par conséquent sans capitaux et sans population.

Le chemin de fer, en traversant cette belle et intéressante contrée, y apportera tous les éléments de sa régénération, lui donnera la vie, le mouvement, y appellera l'argent, les bras, et avec eux les améliorations de toute sorte, le progrès et la richesse.

Dire que les 150,000 hectares qui composent actuellement le delta du Rhône, et qui ne représentent pas aujourd'hui une valeur moyenne de plus de 400 à 500 francs par hectare, peuvent, au moyen de l'arrosage, être aisément portés à une valeur *cinq fois* supérieure, soit à 2,000 francs, et par conséquent augmenter la richesse foncière du pays de plus de *deux cent vingt-cinq millions,* c'est donner une idée du résultat qui, grâce au nouveau chemin de fer, peut, d'ici à quelques années, s'opérer dans cette région de la France si oubliée, si méconnue, et cependant si digne de toute la sollicitude du Gouvernement.

L'exemple de ce qui se passe dans les Landes, dans la Sologne, dans la Champagne, prouve suffisamment l'heureuse et décisive influence que les voies ferrées exercent sur les régions qu'elles traversent (1).

Intérêt des salines.

Les bords de la Méditerranée, depuis Cette jusqu'à Marseille, sont couverts de nombreux établissements saliniers dans la plus heureuse situation naturelle.

Les salines de Peccais, de Badon, de la Vignolle, de Giraud, de la Roque, de Bouc et des Martigues, se suivent, pour ainsi dire, sans solution de continuité.

(1) Dans les Landes, avant l'établissement du chemin de fer, le pied d'arbre valait environ 3 francs, et la traverse façonnée pour la voie ferrée 4 francs.

Aujourd'hui la valeur de l'arbre a quintuplé et s'est élevée à 15 francs, tandis que le prix de la traverse a diminué de moitié et s'est abaissé à 2 francs.

Le producteur et le consommateur ont donc également profité de la bienfaisante influence exercée par le chemin de fer. Nul doute qu'un résultat analogue ne s'opère dans le delta du Rhône.

A ces établissements, qui pourraient aisément livrer à la consommation 400 à 500,000 tonnes de sel par an, et fournir ainsi un fret de retour précieux aux navires venant de la Hollande, du Danemark, de la Norwége, de la Suède, de la Russie et même de l'Inde (1), sont jointes des fabriques où s'élabore une partie considérable des produits chimiques employés dans l'industrie française.

Grâce au chemin de fer, l'importante production du sel, perdue aujourd'hui au fond d'un pays sans accès, où l'on ne trouve ni eau potable, ni matériaux de construction,

(1) C'est le sel et le charbon qui, en procurant à la marine marchande des retours assurés et productifs, ont fait en grande partie la fortune de Liverpool.

Cette année, malgré les souffrances du commerce, la guerre d'Amérique et la crise alimentaire, le port de Liverpool n'exportera pas moins de 700,000 tonnes de sel ; c'est en grande partie sur l'Inde que seront dirigées ces immenses expéditions.

Devant de pareils efforts, on ne peut qu'admirer le génie industriel et commercial d'un peuple que rien n'abat ni ne décourage, et qui trouve dans les événements, même les plus menaçants, de nouveaux éléments d'énergie et d'activité.

Un document officiel que nous avons sous les yeux nous donne le tableau suivant des quantités de sel exportées de Liverpool pendant diverses périodes des trois dernières années :

Années.	De janvier à juillet inclusivement.	Durant le mois de juillet seulement.	Moyenne par mois.
1859	309,916 tonnes.	60,402 tonnes.	44,200 tonnes.
1860	387,867 —	59,944 —	55,400 —
1861	408,776 —	65,078 —	58,400 —

Il est vrai qu'en Angleterre la production du sel est affranchie de tous droits.

prendra un rapide et large développement. Il en sera de même de la fabrication des soudes, des sulfates, des potasses, des savons, des produits chimiques, etc., intimement associée à la production du sel, et déjà, ainsi qu'il vient d'être dit, en plein essor dans la localité.

Le chemin de fer apportera dans le pays ce qui lui manque, et en emportera les produits qui s'y fabriquent.

Intérêt du port Saint-Louis. — Tout le monde connaît le projet de canal de grande navigation maritime, connu sous le nom de *canal Saint-Louis*, qui a pour objet d'ouvrir l'accès du Rhône aux navires marchands du plus fort tonnage, et de transformer le bassin inférieur du fleuve en un vaste port de mer intérieur, d'une sécurité absolue en temps de guerre, et dans lequel pourrait aisément mouiller toute la flotte commerciale de la France (1).

Ce bassin, par sa position topographique, offre, en outre, une réunion de conditions économiques tellement exceptionnelle qu'on en chercherait vainement une semblable dans le monde entier.

Il touche pour ainsi dire à trois de nos principaux bassins houillers : au bassin de la Loire, du Gard et de

(1) Ce canal a été proposé par nous dès le commencement de 1847 ; et c'est sur notre initiative, et à nos frais, qu'ont été faites les premières études.

Ces études ont été refaites, l'année dernière, pour la troisième ou quatrième fois, et le résultat final n'a servi qu'à confirmer les travaux primitifs.

l'Hérault; il peut recevoir au plus bas prix les minerais de fer de la Loire, de l'Ardèche, de l'île d'Elbe, de l'Algérie, etc., les bois des Vosges et du Nord, les excellentes chaux du Teil, les pierres à bâtir si justement renommées de Beaucaire et d'Arles; il a dans son voisinage immédiat les fabriques de produits chimiques des bords de la Méditerranée; les denrées alimentaires les plus indispensables, la viande, les céréales, les vins, etc., se produisent sur ses bords mêmes ou peuvent y arriver avec la plus extrême facilité; comme voies de communication, il dispose dès à présent de la mer et du Rhône, et bientôt plusieurs lignes de fer le mettront en rapport avec l'Est, le Nord et l'Ouest; il possède donc tous les éléments de la production industrielle la plus large et la plus variée qui se puisse imaginer.

Aussi peut-on lui prédire avec une certitude absolue un avenir industriel incalculable.

C'est là, en effet, c'est dans le port du Rhône que notre industrie est appelée à résoudre le problème de sa transformation, et à lutter de bon marché avec l'industrie étrangère; c'est dans le port du Rhône que nos fonderies de métaux, nos usines à fer, nos fabriques de machines, nos chantiers pour la construction maritime, nos verreries, nos minoteries, nos savonneries, nos raffineries, nos manufactures de toutes sortes, pourront avantageusement produire pour la Méditerranée, et, dès que l'isthme de Suez sera percé, pour le monde entier.

A ce point de vue, le port du bas Rhône ou de Saint-

Louis est destiné à devenir le Manchester de la Méditerranée, comme Marseille en est dès à présent le Liverpool.

Depuis plusieurs années déjà, cette création d'une si haute importance nationale est demandée par les vœux incessants de vingt conseils généraux et de seize chambres de commerce, tant en France qu'en Algérie.

Toutes les études préliminaires, toutes les formalités administratives sont accomplies, et l'on doit espérer que d'ici à très-peu de temps les travaux seront commencés pour être conduits avec la plus grande activité (1).

(1) Le canal Saint-Louis a reçu à deux reprises différentes, le 6 août 1860 et le 21 janvier 1861, l'adhésion unanime du Conseil général des ponts et chaussées; il a été également approuvé à l'unanimité par le Conseil supérieur des travaux de la marine, par cinq commissions d'enquête, par deux commissions nautiques et par la commission mixte du Génie militaire, des travaux publics et de la marine.

Si ce canal était construit, et il devrait l'être depuis au moins douze ans, la France en retirerait cette année, pour la seule importation des céréales, un avantage considérable.

On ne saurait évaluer à moins de 500 à 600,000 tonnes les quantités de grains qui seront dirigées par le port de Marseille sur le centre et le nord de la France.

Avec le canal Saint-Louis et les arrivages directs qui auraient nécessairement eu lieu par la voie du Rhône, où le navire de mer pourrait transborder bord à bord, partant pour ainsi dire sans frais, avec la batellerie fluviale, l'économie que l'on aurait obtenue à l'occasion de cette immense importation, soit sur le transport accessoire de Marseille à la hauteur du fleuve, soit sur les frais inutiles de manutention, de déchargement, de camionnage, d'entrepôt, de chargement, de courtage, de commission et autres qui grèvent la marchandise dans ce dernier port, ne se serait certainement pas élevée à moins de 25 francs par tonne, représentant une économie, pour le pays, de *douze à quinze mil-*

Mais, pour porter rapidement leurs fruits, ces travaux ont besoin d'être complétés par des voies rapides qui relient le nouveau port aux grands centres de population voisins.

C'est dans ce but que le chemin de fer d'Arles à Saint-

lions de francs, ou plus d'*une fois et demie* le coût du canal lui-même !

Si, à cette économie déjà si grande, on ajoute celle que l'on aurait obtenue de la batellerie, qui pourrait effectuer au prix de 2 centimes des transports que le chemin de fer fait payer 5 centimes, on arrive en fin de compte à une économie totale d'au moins *vingt millions de francs.*

Vingt millions de francs sur une seule denrée et dans une seule année !

Le *Courrier de Lyon,* si bien placé pour apprécier l'importance de cette question, fait à ce sujet les réflexions suivantes :

« Le canal Saint-Louis, — nous rappelons à dessein qu'il s'agit d'un canal de 4,000 mètres seulement de longueur, n'offrant aucune espèce de difficulté d'exécution, dont les études sont faites depuis quinze ans, et qui pourrait être terminé en dix-huit mois, — le canal Saint-Louis a été proposé en 1847, à la suite des années de disette de funeste mémoire 1846-1847.

» Alors, et jusqu'à ce jour, on n'a cessé de dire et d'écrire, de redire et de réécrire que, si, à cette époque, le canal Saint-Louis eût existé, si le Rhône eût été librement ouvert à la grande navigation maritime, la France aurait épargné des millions sur le seul transport des céréales, et le pain du pauvre lui aurait coûté moins cher.

» Depuis, nous avons traversé la crise alimentaire de 1856-57 ; nous avons eu les guerres de Crimée et d'Italie et les coûteux transports qu'elles ont nécessités ; enfin, nous nous retrouvons, *après quinze ans,* en présence d'une année aussi calamiteuse que 1846 ; et le canal Saint-Louis n'existe pas !... »

Un pareil état de choses peut parfaitement convenir au chemin de la Méditerranée, mais il ne convient pas tout à fait aussi bien au pays.

Dans tous les cas, l'administration des travaux publics ne saurait se plaindre de ne point avoir été prévenue.

Louis a été étudié par le service des ponts et chaussées, et reconnu d'utilité publique à la suite de l'enquête ouverte à cet effet.

Toutefois la liaison du port du Rhône avec Marseille, par un chemin de fer qui mettrait ces deux ports à une heure seulement de distance l'un de l'autre, aurait des résultats bien autrement considérables. Saint-Louis deviendrait ainsi littéralement un faubourg, une annexe on ne peut plus utile de Marseille. C'est Marseille qui y établirait lui-même des comptoirs, des usines, des manufactures, des entrepôts; qui en ferait, en même temps, et son atelier et la succursale de son propre port toujours grandissant et toujours encombré.

De cette façon, la grande ville de commerce, où la cherté de toutes choses rend chaque jour la production industrielle de plus en plus impossible, se compléterait de la grande ville manufacturière, et toutes les deux travailleraient à la fois et en commun à leur mutuelle prospérité.

Intérêt de Bouc, des Martigues et de Berre.

Ce qui vient d'être dit de l'utilité du chemin de Cette à Marseille pour le canal Saint-Louis et le port du bas Rhône, s'applique également au port de Bouc, à la ville des Martigues et à l'étang de Berre.

Le port de Bouc est à l'est du golfe de Fos, précisément en face et à 8 kilomètres seulement de l'entrée du canal Saint-Louis, qui se trouve à l'ouest du même golfe.

La position de ces deux ports est telle que le vent qui chasse de l'un pousse dans l'autre vent arrière, et qu'en temps de guerre des batteries à longue portée, établies sur leurs môles respectifs, peuvent croiser leurs feux dans la rade et en interdire l'accès.

Pour apprécier l'importance de cette dernière condition, il suffit de savoir que, dans les guerres de l'Empire, l'escadre anglaise qui croisait sur nos côtes méridionales hivernait dans le golfe de Fos, d'où elle capturait les navires qui cherchaient à entrer soit à Marseille, soit dans le Rhône, ou qui essayaient d'en sortir.

Derrière le port de Bouc, et à l'est, est l'étang de Caronte, qui débouche lui-même aux Martigues dans l'étang de Berre : véritable petite mer intérieure complétement abritée, de 18,000 hectares de superficie, et dont près des deux tiers offrent des profondeurs de 9, 10 et même 11 mètres, susceptibles par conséquent de recevoir des vaisseaux de guerre de premier ordre.

Pour mettre ce précieux bassin maritime, plus étendu et bien plus sûr que celui de Toulon, en état de rendre à notre marine militaire les services que l'on doit en attendre, il suffirait d'améliorer la passe du port de Bouc, d'approfondir ce port lui-même, et d'ouvrir entre ce point et l'étang de Berre un canal de 10 mètres de mouillage ; ce qui pourrait s'effectuer d'autant plus aisément, qu'à l'exception de la passe de Bouc, tous les autres travaux s'exécuteraient dans des terrains de dépôt n'offrant aucune difficulté.

Sous le premier empire, il avait été question de créer des chantiers de construction à Bouc. Des études furent alors faites, dans ce but, par les ingénieurs de la marine. Sous le gouvernement de Juillet, l'idée de transformer l'étang de Berre en un vaste port inexpugnable, où notre marine militaire à vapeur pourrait se concentrer avec une sécurité parfaite, et, au besoin, apparaître tout à coup dans les eaux de la Méditerranée, fut prise en très-sérieuse considération, et donna lieu à une délibération de la Chambre des députés, en vertu de laquelle un canal de 60 mètres de largeur sur 6 mètres de profondeur devait être exécuté du port de Bouc à l'étang de Berre.

Depuis lors, les circonstances ont fait suspendre l'exécution de ce projet, et le canal n'a reçu que 20 mètres de large sur 3 de profondeur ; mais, ainsi qu'il vient d'être dit, il serait facile de lui donner les dimensions que l'on jugerait nécessaire.

Ce peu de mots montre suffisamment le rôle que jouerait le chemin de fer dans cette localité, de même que dans celle de la tour Saint-Louis, et les immenses effets, les résultats réellement incalculables dont, sans nul doute, son exécution serait accompagnée.

Avec le golfe de Fos comme vestibule commun, les deux entrées de Bouc et du canal Saint-Louis en face l'une de l'autre ; d'un côté, le port commercial du Rhône alimen-

tant le port militaire de Berre ; de l'autre, le port militaire
protégeant le port commercial de Saint-Louis et Marseille
lui-même, la France se verrait dotée de la plus féconde
en même temps que de la plus formidable position nautique du globe (1).

Cette double création suffirait parfaitement à elle seule
pour nécessiter le nouveau chemin de fer de Cette à
Marseille et en faire la fortune à venir.

Pour peupler le désert, les Américains du Nord ont un
moyen aussi simple qu'infaillible. Ils poussent devant eux
le railway à travers la prairie ou la forêt ; et les
fermes, les hameaux, les bourgs, les villages et les villes
qui naissent spontanément le long de cette merveilleuse
voie de communication suffisent pour en assurer la prospérité.

(1) M. l'amiral Lugeol, président de la commission nautique qui, en
1848, examina sur les lieux le projet du canal Saint-Louis et les
conséquences pratiques de cet ouvrage, s'exprime ainsi à la fin de son
rapport :

« L'ensemble de ces travaux, ainsi que des fortifications convenable-
ment disposées, compléteront cette œuvre magnifique dont le résultat
immédiat sera de porter, comme nous l'avons dit dès le début, le
commerce dans le bas Rhône, de mettre en culture, dans le delta, de
vastes terrains actuellement improductifs, et de rendre le golfe de Fos
une des plus sûres et des plus importantes rades de la Méditerranée.

» Honneur au gouvernement qui pourra mener à fin une entreprise
aussi grandiose que patriotique. »

Cette opinion était celle de M. l'amiral Baudin de si regrettable mémoire. Nous croyons savoir qu'elle est également partagée par M. l'amiral
Bouët-Willaumez, commandant à Toulon le 5e arrondissement maritime.

Un centre de population industrieux en voie de formation, où il faut tout créer, tout apporter, tout organiser, où l'importation des matières premières et l'exportation des produits fabriqués sont incessantes, fût-il seulement de quelques milliers d'habitants, donne plus d'occupation à un chemin de fer que des villes de 20 et 30,000 âmes engourdies, comme on en voit tant au sein de notre vieille Europe, dans une sorte de léthargie traditionnelle et séculaire.

Intérêt de Marseille.

L'intérêt qu'a Marseille à la construction de la nouvelle ligne est tellement évident qu'on éprouve une sorte d'hésitation à juger utile de le démontrer.

Des nombreuses villes desservies directement ou indirectement par cette ligne, aucune effectivement ne doit en retirer des avantages plus immédiats et plus considérables.

Grâce au chemin direct sur Cette, Marseille devient tête de ligne de trois grandes voies ferrées se dirigeant : la première, sur l'Est, Nice, Gênes et l'Italie ; la seconde, sur Lyon, Paris et tout le nord de la France ; la troisième, sur l'Ouest, Toulouse, Bordeaux, Perpignan, Barcelone, Madrid et l'Espagne entière.

Il n'est plus exposé à voir ses communications avec le reste de la France interrompues par un accident possible dans le tunnel de la Nerthe.

Il a, dans l'apport à bon marché des sels du littoral et des charbons des différents bassins houillers qui viennent se faire concurrence sur son port même, un fret assuré qui lui permet de donner une impulsion nouvelle à ses armements maritimes.

Il trouve dans le transit entre la Méditerranée et l'Océan tous les éléments d'un accroissement de prospérité commerciale, auquel le canal de Suez est destiné à donner prochainement une importance nouvelle bien plus grande encore.

Enfin, il est mis en relation beaucoup plus facile avec la navigation du Rhône, et il fait immédiatement tourner à son profit la vie industrielle que le canal Saint-Louis doit nécessairement faire naître dans le bassin inférieur de ce fleuve.

Comme Paris, comme Bordeaux, comme Angers, comme Belfort, comme Lyon, Marseille verrait alors converger sur lui, à son grand avantage, plusieurs réseaux distincts de voies ferrées.

Les motifs, on le voit, ne manquent pas pour justifier la création du chemin de fer de Cette à Marseille, et rassurer les capitaux sur la valeur financière de l'opération elle-même.

Ces motifs, toutefois, ne sont pas les seuls.

Plusieurs autres considérations d'un intérêt non moins national : le commerce des houilles dans la Méditerranée, le transit entre les deux mers, le percement de Suez et la défense de nos côtes méridionales en recommandent encore avec une force nouvelle la prochaine réalisation.

Commerce des houilles dans la Méditerranée.

Une des principales causes de la prospérité maritime de l'Angleterre réside dans le transport des charbons de ses riches et presque inépuisables bassins houillers. C'est le charbon qui a fait la fortune des ports de Newcastle et de Cardiff, et qui, en assurant aux navires anglais un fret d'aller toujours constant, donne au commerce britannique cette supériorité dont il jouit sur presque tous les marchés du globe.

L'exemple de ce que fait l'Angleterre doit nous apprendre ce que nous devons faire nous-mêmes pour rivaliser avec elle.

Le mouvement commercial entre le bassin de la Méditerranée et l'Europe océanique s'élève à environ 4,650,000 tonneaux, représentant une valeur de près de 2 milliards.

Dans cet immense trafic, la part de la France est seulement de 700,000 tonnes, tandis que celle de l'Angleterre n'est pas moindre de 2,857,000 tonnes, c'est-à-dire de près des deux tiers du mouvement total.

Et notre vanité nationale appelle complaisamment la Méditerranée un *lac français !*

Ce prétendu *lac français* ne serait-il pas plutôt un *lac anglais ?*

Le principe de cet énorme commerce de l'Angleterre est dans sa houille ; dans sa houille qui, en fournissant, comme il vient d'être dit, à ses navires un transport considérable et certain, lui permet de réduire ses prix de retour à un minimum impossible aux marines étrangères.

Sur les 2,857,000 tonneaux qui constituent la part du commerce anglais dans la Méditerranée, les sorties figurent pour 1,580,000 tonnes, et dans ce chiffre les houilles entrent pour 1,310,870 tonnes.

C'est cette masse de houille vomie chaque année par l'Angleterre dans la Méditerranée qui lui donne la faculté de maintenir le prix moyen de son fret à 24 francs pour l'aller et à 48 francs pour les marchandises diverses en retour d'Italie, de France ou d'Espagne.

Pendant ce temps-là, l'exportation charbonnière de la France, dont les bassins houillers de la Loire, du Gard, de l'Hérault, de l'Aveyron, touchent pour ainsi dire la Méditerranée, monte à peine à 120,000 tonneaux.

Ainsi, 120,000 tonnes contre 1,310,870, voilà la part de la France contre l'Angleterre !

Voilà aussi tout le secret de la supériorité commerciale de cette dernière (1).

(1) La mise en pratique du traité de commerce, bien que toute récente encore, suffit pour démontrer, par le chiffre si minime et tout à fait inattendu des importations de marchandises anglaises qui en a été la conséquence, que notre industrie est parfaitement en mesure de lutter contre celle de nos voisins, et qu'il ne nous faut que de bonnes voies de communication à l'intérieur, et une bonne organisation commerciale maritime pour rivaliser avantageusement avec eux sur tous les marchés du globe.

Si ce parallèle est humiliant pour le passé, il justifie du moins les espérances que l'on peut justement concevoir pour l'avenir, quand la France voudra et saura profiter de ses avantages naturels.

Il n'est pas, en effet, dans l'ordre logique des choses que la houille anglaise puisse exclure indéfiniment de Barcelone, de Livourne ou de Gênes, après des trajets de mer de 4 à 5,000 kilomètres, les houilles françaises qui sont à quelques heures seulement de la Méditerranée, et qui, en partant de Marseille, n'ont à franchir que des distances de 375 à 530 kilomètres.

Quelle mesure faut-il prendre pour remédier à cette situation, pour assurer à nos houilles la supériorité sur les marchés de la Méditerranée ?

Multiplier et améliorer nos voies de communication intérieures : chemins de fer et navigation.

Le résultat final est d'autant plus certain que, sur la Méditerranée, la régularité des exportations ne sera pas interrompue, comme elle l'est parfois, durant des mois entiers, en Angleterre, à l'époque de ces tempêtes effroyables qui, dans la mauvaise saison, désolent trop souvent les côtes de la Grande-Bretagne.

Il y a là la matière d'une lutte économique dont les résultats sont incalculables ; car enlever à l'Angleterre le transport de ses houilles, c'est lui ôter en même temps la plus grande partie de son trafic de retour; c'est lui ravir un commerce de DEUX MILLIONS de tonnes, assurer cet immense trafic à la France, et rendre celle-ci commercialement prépondérante dans la Méditerranée.

Tel est le rôle réservé à Marseille avec le nouveau chemin de fer de Cette.

Transit entre
les deux mers.

Dans tous les temps, mais surtout depuis que les progrès de la science, de l'industrie et du commerce ont accru, dans une proportion inconnue jadis, les échanges entre les nations, les peuples comme les gouvernements, dans l'ancien comme dans le nouveau continent, ont constamment cherché les moyens de s'assurer les avantages du transit, autant du moins que pouvaient s'y prêter leurs territoires.

Le transit, effectivement, offre de grandes ressources au travail national, en même temps qu'il ouvre à l'État une source de revenus d'autant plus précieux que cet impôt est entièrement prélevé sur des contribuables étrangers.

Tel est le motif qui a fait construire le canal du Languedoc, le canal de la Marne au Rhin, et, plus tard, le chemin de fer de Cette à Bordeaux; tel est le motif qui fait qu'on travaille actuellement au percement de Suez, et que l'Amérique se préoccupe de celui de Nicaragua.

On vient de voir que le mouvement actuel effectué par le détroit de Gibraltar, entre l'Europe occidentale et le bassin de la Méditerranée, ne s'élève pas à moins de 4,650,000 tonnes, dont 2,857,000 sont transportées par navires anglais.

C'est en vue de cet énorme mouvement commercial, et pour en détourner une partie au profit de la France, que le chemin du Midi a surtout été construit. Malheureusement, en dépit de tous ses efforts, en dépit des sacrifices qu'elle s'est imposés dans ce but, et bien qu'elle puisse entretenir actuellement deux services réguliers de navigation à vapeur dirigés, l'un sur Londres, l'autre sur Liverpool, la Compagnie, dans l'état présent des choses, n'est arrivée et ne peut arriver qu'à un résultat insuffisant et tout à fait incomplet.

Les deux points extrêmes de sa ligne principale sont aujourd'hui Bordeaux et Cette.

Bordeaux lui offre bien toutes les facilités désirables pour assurer ses relations avec l'Océan; mais elle ne les trouve pas à Cette pour ses rapports avec la Méditerranée.

La marchandise ne peut, en effet, lui arriver à Cette que par l'intermédiaire du chemin de la Méditerranée, et alors avec des prix trop élevés, ou par la voie de mer, et, dans ce cas, avec des frais de transbordement et des irrégularités qui rebutent le commerce.

Chaque année, durant près de cinq mois, de novembre à mars, précisément à l'époque la plus active des transports, l'accès du port de Cette devient périlleux et même absolument impraticable pendant des périodes de huit à quinze jours, ce qui interdit tout mouvement soit à l'entrée, soit à la sortie, et occasionne de fréquents sinistres entre Aigues-Mortes et la Nouvelle.

De plus, en raison de son peu de profondeur, le port de Cette ne peut recevoir que des navires de petit tonnage, d'où résultent des prix de fret élevés et des fractionnements de marchandises très-préjudiciables pour les expéditions maritimes.

On conçoit aisément que, dans de pareilles conditions, le transit soit à peu près impossible.

Mais il n'en serait plus de même le jour où le réseau du Midi aboutirait à Marseille; le jour où un wagon chargé bord à bord d'un navire de fort tonnage, et par conséquent d'une navigation économique, pourra se rendre à Bordeaux en vingt-quatre heures, au prix de 20 à 25 francs la tonne, sans arrêts, sans transbordements, sans retards, sans toutes les interruptions occasionnées, ainsi qu'il arrive aujourd'hui, soit par l'encombrement du tronc principal du chemin de la Méditerranée, soit par le mauvais état de la mer; le jour enfin où ce wagon sera toujours assuré de trouver un navire à Bordeaux, et qu'il pourra être conduit jusque sur les quais d'embarquement, à côté même de ce navire, et dans les meilleures conditions de transbordement.

Alors, les deux têtes de ligne n'étant qu'à cinq ou six jours des ports étrangers de destination, le transport d'une tonne de marchandises, du bassin de la Méditerranée à la mer du Nord; d'Alexandrie, de Livourne ou de Gênes à Londres, Liverpool ou Amsterdam, s'effectuerait avec beaucoup plus de régularité, de vitesse et d'économie que par le détroit de Gibraltar, et avec des assurances maritimes moitié moindres.

Alors aussi une notable partie des 4,650,000 tonnes qui transitent par Gibraltar transiteraient à travers la France, au grand avantage du Trésor et du commerce français.

Des calculs faits avec soin prouvent que, par cette dernière voie, et grâce au fret d'aller constamment assuré à notre navigation maritime, la marchandise jouirait d'une économie d'environ 25 à 30 0/0 sur les prix actuels du transport par le détroit.

Le nouveau chemin de Cette aurait, de plus, pour effet d'attirer sur le territoire français le courant commercial qui a lieu actuellement par mer entre Marseille et la Catalogne, et qui, d'après les lois maritimes de l'Espagne, s'opère à peu près exclusivement sous pavillon espagnol. Il suffirait pour cela, ce qui n'offre aucune difficulté, de faire disparaître la lacune d'environ 55 kilomètres existant actuellement entre le réseau français à Port-Vendre, et le réseau espagnol à Gironne.

Effets du percement de Suez.

Quelque grandioses que soient les résultats du transit tels qu'ils viennent d'être exposés, ces résultats constituent à peine la moitié des avantages qu'assurerait à la France le chemin direct de Marseille à Cette, le jour où le percement de l'isthme de Suez rapprochera de plusieurs milliers de lieues la vieille Europe de l'extrême Orient.

On calcule que la masse des marchandises qui sont obligées de doubler aujourd'hui le cap de Bonne-Espérance représente au moins 3 millions de tonneaux qui seraient immédialement acquis à peu près en totalité au canal de Suez, si ce canal était ouvert.

On peut, en outre, prévoir avec certitude que ce mouvement, déjà si grand, augmentera bientôt dans une proportion considérable sous l'influence de plusieurs circonstances particulières. D'abord, par les immenses efforts que va faire l'Angleterre pour augmenter la production du coton dans les Indes, à cause de la situation dans laquelle se trouve l'Amérique du Nord ; ensuite, par les nouvelles relations de l'Europe avec la Chine et le Japon ; enfin, par le percement de Suez, qui mettra en contact facile avec l'Europe 500 ou 600 millions d'hommes dont le sol et le climat produisent en abondance le coton, le sucre, le café, le riz, la gomme, les épices, la cire, les peaux, l'ivoire, les laines, les bois de construction et d'ébénisterie, les marbres, les porphyres, les métaux, etc., en un mot les plus précieuses denrées et les matières premières les plus utiles à la production industrielle.

Supposer, en conséquence, que, dans cinq ou six ans, les 3 millions de tonnes dont il est parlé ci-dessus s'accroissent d'au moins 1 million de tonnes nouvelles et montent à 4 millions de tonneaux : c'est rester certainement au-dessous de la vérité, et se borner à une évaluation inférieure du tiers et même de moitié à celle qu'ont indiquée à la suite de longues et sérieuses recherches, des hommes d'une compétence incontestable.

Or, 4 millions de tonnes nouvelles ajoutées aux 4,650,000 tonneaux passant aujourd'hui par le détroit de Gibraltar, c'est un mouvement total annuel de 8,650,000 tonneaux, qui ne tardera pas à s'élever à 9 millions, 10 millions et au delà.

DIX MILLIONS DE TONNEAUX CHAQUE ANNÉE!

Voilà, si elle veut s'en donner la peine, le trafic immense que la France peut s'approprier en grande partie!

Voilà le mouvement colossal qui ouvre au transit entre les deux mers des horizons nouveaux aussi vastes que féconds, et dont Marseille et Bordeaux sont appelés à devenir les deux riches et florissants entrepôts!

Ici encore, c'est la houille, c'est-à-dire un fret abondant, assuré, à bas prix, d'un placement facile, qui lui permettra de réaliser ce programme magnifique et pourtant basé sur la réalité même des faits.

L'ouverture de l'isthme de Suez doit inévitablement amener une révolution dans la marine de la Méditerranée et provoquer le remplacement prochain de la voile par la vapeur.

D'une part, les deux moussons qui se font sentir dans l'océan Indien, et qui portent : la première, pendant six mois, d'avril à septembre, de Suez vers l'Inde ; la seconde, pendant six autres mois, d'octobre à mars, de l'Inde vers Suez ; d'autre part, les obstacles particuliers que présente la mer Rouge à la navigation, les nombreux écueils et hauts fonds que l'on y rencontre, l'extrême difficulté d'y courir des bordées, la proximité des côtes, le danger pour des navires d'un grand tirant d'eau d'y naviguer la nuit, obligeront le commerce à abandonner les bâtiments à voile pour se servir à peu près exclusivement de navires à vapeur.

Mais, pour cela, il faudra de la houille et beaucoup de houille.

Dès 1859, l'Angleterre en expédiait déjà 320,000 tonnes dans cette direction ; et l'on peut admettre sans crainte d'erreur que, sous l'influence des circonstances qui viennent d'être indiquées, la consommation de cette matière première, au seul point de vue de la navigation maritime, ne tardera pas à s'élever au-dessus de 500 à 600,000 tonnes, sans compter celles que consommeront les manufactures et les usines que le percement de Suez ne manquera pas de faire naître en Egypte, sur les bords de la mer Rouge, dans l'Inde ou ailleurs.

Voilà donc encore un immense débouché ouvert à l'exportation des charbons français, c'est-à-dire au commerce de la France.

Ainsi, qu'il s'agisse des relations avec les Etats méditerranéens ou des échanges avec l'extrême Orient, c'est toujours la houille qui doit constituer l'élément fondamental destiné à assurer à la France le transit au travers de son territoire, d'une partie au moins de ce mouvement prodigieux dont nous sommes complétement déshérités aujourd'hui.

Heureusement, nous possédons cet élément, et le Gouvernement n'a qu'à vouloir pour réaliser un des plus grands bienfaits dont il soit possible de faire jouir le pays.

Il suffit, pour cela, que l'on puisse atteindre la Méditerranée à peu de frais, et c'est particulièrement dans ce but qu'a été conçu la pensée du chemin direct de Cette à Marseille.

Défense du littoral français.

Dans l'état de choses actuel, toute cette partie des côtes de France qui s'étend de Cette à Marseille, sur un développement d'environ 160 kilomètres, est non-seulement entièrement dépourvue de voies de communication, mais se trouve absolument en dehors du système de la viabilité générale du pays.

Cette situation, qui rend les relations très-difficiles, très-onéreuses, quelquefois même tout à fait impossibles, offre, de plus, le grave péril de livrer tout le delta du Rhône sans défense aux incursions d'un ennemi maritime.

Dans les guerres de l'Empire dont nous avons déjà parlé, les canots anglais remontaient les deux bras du Rhône, et faisaient des presses de matelots parmi nos pêcheurs et nos cultivateurs de la Camargue.

Des faits aussi déplorables ne doivent plus pouvoir se renouveler.

Le chemin de Cette en empêcherait à jamais le retour,

et compléterait de la façon la plus heureuse la ligne du littoral qui s'étend de Nice à Port-Vendres, reliant entre eux tous nos ports méditerranéens grands et petits, et créant ainsi, en cas de guerre maritime, une importante ligne de défense non interrompue qui, par le chemin de Cette à Bordeaux et à Bayonne, se rattacherait à un cordon littoral semblable sur le rivage de l'Océan.

L'état de l'Europe, comme les éventualités de l'avenir, commandent impérieusement cette mesure de sage prévoyance.

Telles sont, en peu de mots, les raisons véritablement capitales qui appellent et justifient la création du chemin direct de Cette à Marseille, surtout dans un moment où le nouveau régime commercial qui vient d'être inauguré dans notre pays nous commande, sous peine des plus graves et des plus redoutables éventualités, de réduire, coûte que coûte, le prix des transports, en améliorant et en multipliant le plus que nous pourrons nos voies de communication intérieures.

RÉSUMÉ.

En résumé :

Ce chemin est indispensable au réseau du Midi, auquel il donne l'accès du Rhône et de bons ports sur la Méditerranée ;

Il réunit des conditions de tracé telles qu'aucun autre chemin n'en peut offrir d'aussi favorables ;

Il raccourcit de 47 kilomètres le trajet entre Cette et Marseille ;

Il présente tout à la fois célérité pour les voyageurs, régularité pour les marchandises, économie pour tous ;

Il rattache, par la voie la plus courte possible, l'Italie à l'Espagne ; Nice, Toulon et Marseille à Cette, Perpignan, Toulouse, Bayonne et Bordeaux ;

Il relie entre elles toutes les villes du littoral méditerranéen, depuis Gênes jusqu'à Alicante ;

Il assure à Marseille ses communications avec le reste de la France, au cas où un accident viendrait à se produire dans le souterrain de la Nerthe ;

Il devient un puissant auxiliaire pour la navigation du

Rhône et de toutes les voies navigables qui se rattachent à ce grand cours d'eau ;

Il détermine la mise en valeur, l'assainissement et le peuplement du delta du Rhône ;

Il ouvre un nouveau débouché à toutes les salines et à toutes les fabriques de produits chimiques des bords de la Méditerranée ;

Il contribue efficacement à la création et à l'essor du port industriel de Saint-Louis, tout en y puisant lui-même des éléments indéfinis de trafic et de richesse ;

Il communique une vie nouvelle aux ports de Bouc et des Martigues, et hâte l'avenir réservé à l'étang de Berre ;

Il dote Marseille d'une nouvelle voie ferrée ; et, en appelant dans ce port le transit de la Méditerranée à l'Océan, il en augmente, dans une proportion considérable, la prospérité commerciale ;

Il tend à substituer les charbons français aux charbons anglais dans le bassin de la Méditerranée, et à donner la supériorité à notre pavillon, en lui assurant un fret abondant et toujours certain ;

Il attire sur notre territoire le transit d'une notable portion de l'immense quantité de marchandises qui passent actuellement par le détroit de Gibraltar ;

Il fait profiter la France, d'une façon tout exceptionnelle, de l'énorme impulsion que l'ouverture prochaine du canal de Suez doit inévitablement communiquer au commerce du monde;

Enfin, il complète la défense de nos côtes, en reliant tous nos ports par une ligne continue qui, en cas de guerre maritime, permettrait aux secours de se porter pour ainsi dire instantanément sur les points menacés.

Intérêt agricole, industriel, commercial, maritime; intérêt social, politique, militaire, le chemin de Cette à Marseille les réunit tous à un degré tel, qu'aucun autre chemin de fer en France ne saurait présenter un caractère d'utilité publique et privée aussi fortement prononcé.

Rien donc ne doit retarder la prompte réalisation d'une œuvre à la fois aussi féconde et aussi éminemment nationale.

OBJECTIONS ET RÉPONSES.

Nous avons lu attentivement tout ce qui a été écrit jusqu'à présent pour ou contre le chemin de Cette à Marseille, et, parmi les nombreuses et puissantes considérations exposées en sa faveur, nous n'avons pu découvrir que quatre objections qui se résument ainsi :

Objections élevées à l'occasion du nouveau chemin de Cette.

1° Le chemin de Cette à Marseille est une mauvaise affaire.

2° Il tend à détruire la navigation de cabotage.

3° Il dérange l'équilibre des réseaux actuellement établis.

4° On ne doit le concéder à la Compagnie du Midi qu'à la condition d'enlever à cette Compagnie les deux canaux : *latéral à la Garonne* et *du Languedoc*, qui lui ont été abandonnés à des titres divers, afin de rendre ces canaux, francs de droits, au libre parcours de la navigation.

Examinons rapidement ces quatre objections.

Première objection.

Réponse. — La réponse à cette objection nous paraît ressortir avec la dernière évidence de ce qui vient d'être exposé ci-avant.

Un chemin qui complète le réseau du Midi, en lui donnant l'accès du Rhône et deux ports excellents ; qui unit par la voie la plus courte l'Italie à l'Espagne ; Nice et Marseille à Cette, Toulouse, Bayonne et Bordeaux ; qui détermine la mise en valeur de 150,000 hectares de terrain d'alluvion de première qualité ; qui, par la force des choses, a le monopole obligé du transport de tous les sels et de tous les produits chimiques des bords de la Méditerranée, entre Cette et Marseille ; qui contribue à la création de deux grands ports : du port industriel de Saint-Louis et du port militaire de Berre, en profitant lui-même de la vie qu'il aura contribué à faire naître et à développer ; qui augmente dans une proportion considérable le mouvement commercial de Marseille ; qui sert aux échanges de plus de vingt départements, renfermant une population de près de 7 millions d'âmes, avec le Levant, l'Afrique et l'Asie ; qui ouvre un avenir nouveau aux villes industrielles du Languedoc et de la Guyenne ; qui transporte vers la mer les sels, les houilles, les matériaux de construction, les engrais, les céréales, les vins, les denrées agricoles de toute sorte, et qui en ramène les produits coloniaux et étrangers; qui, en assurant à notre marine méditerranéenne, notamment à celle de Marseille, un fret abondant et toujours certain, lui donne la prééminence sur la Méditerranée et bientôt sur les mers de l'extrême Orient; qui attire sur ses rails une partie notable de cet immense courant commercial que voit passer le détroit de Gibraltar, courant qui s'élève, dès à présent, à près de 5 millions de tonnes, et qui, avec le canal de Suez, ne tardera pas à dépasser 8, 9 et 10 millions de tonneaux; un tel chemin peut-il être une mauvaise affaire?

Nous laissons au lecteur le soin de conclure.

Deuxième objection.

Réponse. — Pour réduire cette objection à sa véritable valeur, il faudrait avoir le chiffre exact du mouvement commercial qui s'effectue aujourd'hui, sous pavillon français, d'une part, entre Marseille et Cette; d'autre part entre Marseille et les ports européens de l'Océan; or, nous ne le connaissons pas.

Mais, quel qu'il soit, et nous n'avons pas lieu de le croire très-élevé, il ne saurait entrer sérieusement en ligne de compte avec l'importance toute nouvelle que prendrait notre marine commerciale dans la Méditerranée sous l'influence de la richesse et des relations qu'amènerait le

transit, et surtout au moyen du fret abondant et toujours
assuré qui lui permettrait de lutter victorieusement contre
la marine anglaise sur cette mer et, prochainement, sur
des mers plus lointaines.

Une supposition toute gratuite fera mieux saisir notre
pensée.

Supposons que l'on trouve le secret de transporter la
marchandise à raison de *cinq francs* la tonne, de la Méditerranée à l'Océan.

Il est clair que pas une tonne ne prendrait dorénavant
le détroit de Gibraltar, et que les 5 millions de tonnes
qui y passent actuellement, comme les 10 millions qui y
passeront après le percement de Suez, transiteraient à
travers notre territoire.

Mais n'est-il pas également clair que l'énorme accroissement de travail, de capital, de rapports commerciaux
que ferait naître un aussi prodigieux mouvement se tra-
duirait immédiatement, pour notre marine marchande, en
un accroissement qui devrait en faire, à moins toutefois
que nous n'y missions de la mauvaise volonté, la première
marine marchande du globe?

Or, ce que l'on peut dire du tout peut également se
dire de la partie.

Cette seconde objection n'a donc pas plus de fondement
que la première.

Nous allons montrer que les deux dernières n'en ont
pas davantage.

Troisième objection.

RÉPONSE. — Le gouvernement a cru devoir partager tous les chemins de fer français, sauf trois ou quatre exceptions sans importance, en six réseaux répartis entre six grandes Compagnies.

Ce n'est point ici le lieu d'examiner la valeur de cette mesure au point de vue de l'intérêt général; nous voulons seulement démontrer en quelques lignes que la concession du nouveau chemin de Cette à la Compagnie du Midi ne trouble en rien l'équilibre que l'on a voulu établir.

De ce que deux chemins appartenant à deux réseaux convergent sur le même point, il n'en résulte pas effectivement que cet équilibre souffre la moindre atteinte, ainsi du reste que le prouvent surabondamment les exemples tirés de Paris, Lyon, Bordeaux, Agen, Montauban, Cette, Angers, Belfort, etc., toutes villes où viennent aboutir des lignes faisant partie de réseaux différents (1).

(1) En Angleterre, où l'on ne comprend pas trop mal les questions économiques, loin de se préoccuper des inconvénients, si inconvénients il y a, de l'arrivée de plusieurs chemins de fer sur un même point, on y voit, au contraire, des avantages, et pour les localités favorisées et pour les chemins de fer eux-mêmes, parce que le mouvement industriel et commercial créé et entretenu par chacun d'eux tourne toujours, d'une manière ou d'une autre, au profit de tous, et, en définitive, à celui du pays.

Trois réseaux principaux sillonnent le territoire de la Grande-

Dans l'état actuel, Bordeaux est relié au Nord et au Sud par deux lignes dépendant, chacune, d'un réseau distinct ; Marseille est relié, dans les mêmes conditions, au Nord et à l'Est ; mais ces deux villes si importantes au point de vue de notre commerce général, notamment de celui de transit, ne sont unies entre elles qu'indirectement, au moyen d'un long détour, et par deux lignes appartenant à deux Compagnies différentes, c'est-à-dire dans de très-mauvaises et de très-imparfaites conditions. Le nouveau .chemin ne fait donc autre chose que de combler une regrettable lacune, et cela de la façon la plus heureuse pour tous les intérêts.

D'un autre côté, si les embranchements que le réseau d'Orléans envoie actuellement sur Montauban, Agen et Bordeaux eussent été terminés avant l'établissement du Midi, aurait-on été fondé à demander qu'il fût interdit à

Bretagne : le Great-Western, le North-Western et le Great-Northern.

Tous les trois partent de Londres, et tous les trois veulent atteindre Liverpool, parce que tous les trois veulent, avec raison, faire profiter les différentes régions qu'ils desservent de leurs relations avec la seconde capitale commerciale de l'Angleterre.

Déjà le North-Western et le Great-Western y sont arrivés ; le Great-Northern n'en est plus qu'à environ 30 milles, et y sera avant peu.

Nos voisins considèrent-ils l'équilibre de leurs chemins de fer comme dérangé par cette convergence de leurs trois lignes principales sur leurs deux grands ports de commerce ?

Pas le moins du monde.

Ils l'envisagent, au contraire, comme un bienfait ; et nous ne sachons pas qu'il se soit trouvé, à Liverpool, un seul journal pour se plaindre de cette abondance de moyens de communication avec le reste du territoire britannique.

ce dernier réseau de relier ces trois villes par la ligne directe qui décrit la base des triangles ouverts par les trois branches de l'Orléans ?

Évidemment non.

Or, il suffit de jeter les yeux sur la carte pour reconnaître que la nouvelle ligne de Cette à Marseille est exactement, par rapport au réseau de la Méditerranée, dans les mêmes conditions que la ligne directe de Montauban à Agen et d'Agen à Bordeaux, par rapport au réseau de l'Orléans.

Enfin, il n'est pas moins clair que la Compagnie du Midi, seule, peut exécuter utilement la nouvelle ligne de Cette à Marseille, parce que, seule, elle peut l'exploiter d'une manière véritablement profitable pour le pays, et dans les conditions d'unité, de vitesse, d'économie et de régularité qu'exige l'intérêt des départements desservis, non moins que l'intérêt général de la France.

De ce que la Compagnie de la Méditerranée arrive à Marseille, et envoie à Cette un embranchement qui relie l'Espagne au nord de l'Europe, ce n'est pas une raison pour que l'on considère le bassin méditerranéen comme sa propriété ; ce n'est pas surtout une raison pour trouver mauvais que la Compagnie du Midi réunisse l'Italie et l'Espagne, l'Est et l'Ouest du midi de la France par la voie la plus courte, la plus rapide et la plus économique.

Le nouveau chemin de Cette à Marseille n'a pas le bonheur de plaire à la Compagnie de la Méditerranée ; si donc, contre toute justice, toute logique et tout bon sens, on pouvait hésiter un instant sur le réseau dans lequel il convient de classer la nouvelle ligne, qu'on veuille bien se donner la peine de rechercher comment la Compagnie de la Méditerranée tient les engagements qu'elle a contractés, pour peu que ces engagements gênent ses calculs particuliers ; toute hésitation aura bien vite cessé.

Dans cette prévision, nous croyons utile de reproduire la délibération prise par le Conseil général du Rhône, le 31 août dernier, au sujet du chemin de fer de Paris à Lyon par le Bourbonnais que la Compagnie de la Méditerranée s'est librement chargée de construire, il y aura bientôt *dix ans*.

Peu de documents sont aussi édifiants (1).

(1) Voici cette délibération :

« Considérant que, par traités en date des 2 février et 6 avril 1855, approuvés par décret impérial en date du 7 du même mois, concession a été faite à la Compagnie de Lyon d'une voie ferrée de Paris à Lyon par le Bourbonnais, se dirigeant sur Lyon par Roanne et Tarare ;

» Considérant qu'en stipulant ainsi, le Gouvernement, entre autres buts, se proposait :

» 1° De maintenir à la ville de Lyon et au département du Rhône l'avantage acquis d'être relié à Paris, à la fois par la Bourgogne et par le Bourbonnais ;

» 2° De conserver aux départements qui ont autrefois formé la province du Bourbonnais, le bénéfice et les facilités d'un trafic dont ils étaient en possession ;

» 3° Surtout et enfin de créer, pour la prospérité générale de la France, un chemin tendant, à peu près en ligne droite, de Paris à Lyon, et par

— 51 —

Quatrième objection.

La concession de ce nouveau chemin doit-elle être subordonnée au retrait des canaux concédés à la Compagnie du Midi ?

Réponse. — Si, en demandant que le Gouvernement enlève à la Compagnie du Midi les deux canaux qui, à

là même une communication plus courte d'environ 60 kilomètres que celle existante par la Bourgogne, non-seulement entre Paris et Lyon, mais entre Paris et tous les départements du Midi;

» Considérant qu'en réunissant dans les mains d'une même Compagnie deux chemins établis pour atteindre au même but, mais dans des conditions de tracé différentes, dont l'un devait, par la force des choses, faire concurrence à l'autre, *il y avait danger de trouver la Compagnie concessionnaire disposée à négliger celui qui donnait le moindre profit;*

» Considérant que *ce danger n'a pas tardé à se révéler;*

» Que la Compagnie, qui avait un délai de huit années pour exécuter le chemin par Roanne et Tarare, a, *pour tout travail,* sollicité et obtenu un nouveau délai ;

» Que ce nouveau délai doit expirer en 1863, et que la Compagnie *ne dissimule pas elle-même ne pouvoir d'ici là accomplir ses obligations;*

» Considérant que, *loin même de se préoccuper de ce soin, elle multiplie les incidents, met incessamment en avant de nouveaux tracés, s'efforce de gagner du temps, demandant à l'incertitude des événements ou à la force des sollicitations d'être délivrée des engagements qu'elle a librement contractés;*

» Considérant sans doute que la sollicitude du Gouvernement impérial déjouera de semblables calculs, mais que chaque année, chaque jour pour ainsi dire gagnés, accroît les bénéfices de la Compagnie ; car ils imposent aux voyageurs et aux marchandises l'obligation de suivre l'ancienne ligne par la Bourgogne, tandis qu'en ce moment même ils devraient être en possession d'un chemin qui, en abrégeant le parcours, diminuerait dans la même proportion les frais de transport;

» Considérant que, *par ses lenteurs calculées et son évidente mauvaise volonté, la Compagnie se dérobe à ses engagements, et cherche, au mépris de l'intérêt général, à augmenter des bénéfices dont le chiffre dépasse, cependant, de jour en jour, ses propres prévisions;*

» Émet le vœu que le Gouvernement, *par une intervention énergique,*

des titres divers, forment une partie de la subvention qui lui a été accordée, on veut dire par là que l'administration doit prendre les mesures nécessaires pour racheter ces deux canaux et y supprimer absolument les droits qui y grèvent la batellerie, nous applaudirons de toutes nos

apporte un terme *aux hésitations intéressées de la Compagnie de Lyon,* et la contraigne à exécuter purement et simplement, et dans toute leur étendue, les obligations écrites dans le cahier des charges de 1855. »

Et plus loin :

« Considérant que, lors de l'accomplissement des formalités préalables à la concession du chemin de fer du Bourbonnais, la commission d'enquête, les conseils d'arrondissement et général, les chambres de commerce de Lyon et de Tarare, l'autorité préfectorale, *émirent le vœu formel que le chemin aboutît à Lyon, faubourg de Vaise, à l'entrée du tunnel du chemin de fer de la Bourgogne;*

» Considérant que cette unanimité d'opinions atteste assez qu'il s'agissait de donner satisfaction à un intérêt légitime; qu'on ne saurait en effet méconnaître que l'accès direct de la ville de Lyon, ouvert aux populations de la zone ouest qui l'avoisinent, ne soit pour cette ville, comme pour le département, un intérêt de premier ordre;

» Considérant que ce vœu, *unanimement formulé,* a pris pour la Compagnie un caractère légal et obligatoire, les traités de concession des 2 février et 6 avril 1855, approuvé par décret impérial en date du 7 avril suivant, contenant la disposition suivante :

« Le chemin de Roanne à Lyon franchira le faîte qui sépare la vallée » de la Loire de celle du Rhône, et aboutira à Lyon en un point qui » sera déterminé par l'administration. Ce chemin devra être exécuté » dans un délai de huit ans; »

» Considérant que, si cette disposition imposait à la Compagnie de lourdes dépenses, *celles-ci avaient leur compensation dans le monopole que l'État créait au profit de la Compagnie;* que, nécessitée d'ailleurs par les intérêts les plus respectables, *elle était librement acceptée par la Compagnie;*

» Qu'il répugne de croire que la Compagnie songeait dès lors à reforces à une mesure que nous sollicitons depuis des années, et qui, loin de nuire aux chemins de fer, deviendra au contraire pour eux, nous en avons la conviction profonde, le motif déterminant des progrès qu'ils ne sauraient réaliser aujourd'hui dans la situation privilégiée qui leur est faite.

tenir de la concession qu'elle sollicitait les stipulations lucratives, *en se réservant d'obtenir, de la patience lassée de tous, la modification des clauses onéreuses;* que tel paraît être, sinon le but, du moins le résultat de ses efforts;

» Qu'en ce qui touche l'embranchement de Roanne à Lyon (Vaise), *la Compagnie n'a pas encore mis sérieusement la main à l'œuvre;*

» Qu'après avoir obtenu une prorogation du délai primitivement imparti, elle touche au moment où le nouveau délai va expirer, *et au lieu de commencer les travaux, s'attache à obtenir une modification au tracé indiqué,* voulant, au lieu d'aboutir à Vaise, au-dessus du tunnel du chemin de fer de la Bourgogne, ainsi que le prescrit la loi de concession, le raccorder, à 15 kilomètres au-dessus, à la gare de Saint-Germain, avec le chemin de fer de la Bourgogne;

» Considérant qu'une telle prétention ne saurait être admise; que le nouveau tracé allongerait le parcours et priverait les cantons populeux et industriels situés à l'ouest de Lyon, d'une communication dont la loi même leur assure les bénéfices;

» *Que la résistance de la Compagnie a pour cause unique le soin de ses intérêts;*

» Que le Conseil général emprunte les motifs de la combattre dans des considérations de bien public *et dans le respect du contrat auquel il est contraint de rappeler une dernière fois la Compagnie;*

» Déterminé par ces graves observations,

» Signale à l'attention de S. Exc. le ministre des travaux publics *la lenteur apportée par la Compagnie à l'exécution des engagements par elle librement contractés,* ou sa tendance à s'y soustraire, et se confie à son initiative. »

Les populations du Midi savent maintenant de quelle manière la Compagnie de la Méditerranée remplit ses engagements, quand ces engagements ne sont pas de son goût.

Le monopole, comme la protection, se prêtent mal aux améliorations et aux perfectionnements qui constituent la loi providentielle du travail humain.

Il est si commode de faire ses affaires sans avoir à se préoccuper des éventualités de l'avenir, et en ne se donnant que le moins de peine possible!

Seulement nous demandons instamment que cette même mesure du rachat des canaux et de la franchise de notre navigation soit appliquée également à tous les autres canaux et à toutes les autres voies navigables qui sillonnent le territoire.

Mais exiger que l'on fasse du retrait à la Compagnie du Midi des canaux *latéral à la Garonne* et *du Languedoc*, la condition de la concession à cette Compagnie du nouveau chemin de Cette à Marseille, ce n'est pas plus raisonnable que si, lorsqu'il a été question de concéder la ligne de Marseille à Toulon à la Compagnie de la Méditerranée, on eût demandé que cette Compagnie fût au préalable contrainte de restituer les *trois cents millions* et plus peut-être de subvention qu'elle a reçus du Gouvernement; subvention dont l'intérêt à 5 0/0 représente une allocation mensuelle de 1,250,000 francs, soit une prime journalière de plus de 40,000 francs, qui lui permet de combiner ses tarifs de façon à écraser la navigation fluviale sur le canal de Beaucaire, le Rhône, le canal de Givors, la Saône, les canaux de Bourgogne et du Rhône au Rhin, l'Yonne et la haute Seine.

Et encore, en cette circonstance, existe-t-il cette double différence tout en faveur de la Compagnie du Midi :

1° Que la Compagnie de la Méditerranée a reçu 30 millions de subvention pour la ligne de Toulon, tandis que la Compagnie du Midi propose d'exécuter le chemin du littoral à ses risques et périls;

2° Que l'action primitive de 500 francs du chemin de la Méditerranée, qui a été dédoublée, représenterait, au cours du jour, une somme de 2,032 francs, soit plus de quatre fois sa valeur originaire; tandis que l'action du Midi dépasse le pair de 136 francs seulement.

Comme ces objections ont été surtout soulevées à Marseille, nous ferons une observation bien simple : *Simple réflexion.*

Que les Compagnies de la Méditerranée et des Docks, qui visent à concentrer exclusivement entre leurs mains la totalité du mouvement commercial de la Méditerranée ; qui redoutent tout ce qui peut porter atteinte aux monopoles exorbitants dont elles jouissent, et à l'aide desquels elles rançonnent le commerce; qui ne voudraient voir dans le Midi, surtout à Marseille, d'autres chemins que les leurs, d'autres entrepôts que les leurs, d'autres houilles que les

leurs (1) ; que ces deux Compagnies, disons-nous, cherchent à susciter des entraves au chemin du littoral, il
n'y a rien là qui doive beaucoup surprendre quand on

(1) Personne n'ignore que les houillères du Gard appartiennent en
grande partie à quelques-uns des principaux administrateurs ou intéressés
de ces deux Compagnies, et que Bouc et Marseille en sont les ports
d'embarquement.

C'est pour cela que le chemin de la Méditerranée, malgré les plus
vives et les plus unanimes réclamations des populations intéressées,
s'obstine à maintenir un prix de transport de *dix centimes* par tonne à
l'égard des charbons de la Loire qui seraient tentés d'échapper aux
tarifs de sa ligne principale et de prendre la voie beaucoup plus économique du Rhône pour arriver à la mer.

C'est pour cela qu'il serait bien aisé d'empêcher l'exécution du nouveau chemin de Cette, qui pourrait amener à Marseille, à meilleur marché que celles du Gard, les houilles de l'Hérault et de l'Aveyron, infini-
ment supérieures en qualité aux charbons de la Grand'Combe.

Nous venons de parler du taux exorbitant de 10 centimes auquel la
Compagnie de la Méditerranée maintient son tarif entre Saint-Etienne,
Givors et Lyon pour empêcher les houilles de la Loire de faire con-
currence, par la voie du Rhône, aux houilles de la Grand'Combe.

Voici dans quels termes le conseil général du Rhône s'est expliqué à
cet égard dans sa dernière session; le conseil général de la Loire n'est
pas moins explicite :

« Considérant que sur toutes les lignes de chemin de fer, le transport de la houille est tarifé à 8, 6, 5 et même 4 centimes par tonne
et par kilomètre, et que, sur la seule section de Rhône-et-Loire, soit de
Saint-Etienne à Lyon, le tarif est maintenu à 10 centimes ;

» Considérant que le maintien de ce haut prix *a pour but hautement
avoué d'entraver la concurrence par la navigation*, dont la tête de ligne
pour le transport des houilles se trouve à Givors ;

» Considérant que toutes les usines du département du Rhône, et notamment celles qui se sont établies dans la vallée du Gier, dans la conviction de trouver un avantage dans la proximité du bassin houiller de
la Loire, éprouvent un notable préjudice de cet état de choses et sont

sait combien tout ce qui est innovation suffit pour troubler
et effrayer, même à tort, les intérêts particuliers (1).

Mais que le commerce marseillais, qui est, au contraire,
intéressé à avoir à sa disposition les moyens de transport
les moins coûteux, les entrepôts les plus économiques,

dans l'impossibilité de lutter avec les établissements qui, sur d'autres
points, reçoivent leur combustible à des prix relativement plus réduits ;

» Considérant encore que la ville de Lyon, qui, par sa position topographique, peut prétendre recevoir son approvisionnement à de meilleures
conditions qu'aucune autre ville, se trouve cependant placée, par cette
exigence de la Compagnie du chemin de fer, *dans une situation inférieure
à d'autres plus éloignées*, puisque l'on paie de Saint-Etienne à Lyon pour
une distance de 57 kilomètres 5 fr. 70 c. par tonne, tandis que de Saint-
Chamond à Tain, pour un parcours presque double (97 kilomètres) on
ne paie que le même prix, 5 fr. 70 c. par tonne ;

» Considérant de plus *que l'alimentation d'une ville aussi importante
que Lyon, et l'intérét des nombreux ouvriers qui y résident*, ne permettent
pas de maintenir un tarif exceptionnel de 10 c. par tonne et par kilomètre;

» S'appuyant, d'ailleurs, sur la lettre de S. M. l'Empereur, du 5 janvier
1860, à S. Exc. le ministre d'Etat, qui laisse espérer que le Gouvernement s'occupera de faciliter le transport des matières de première nécessité et de réduire les tarifs en ce qui concerne notamment la houille,

» *Emet le vœu le plus pressant :*

» Que le Gouvernement daigne aviser au plus tôt à faire réduire le
tarif anormal de 10 c. par tonne et par kilomètre pour le transport de
la houille entre Saint-Etienne et Lyon, *afin de sauvegarder les intérêts
et l'avenir de toutes les usines du département du Rhône qui sont écra-
sées par ce lourd tarif, et surtout l'approvisionnement d'une ville aussi
populeuse que la ville de Lyon.*»

(1) Il ne nous serait pas difficile, en effet, de prouver que, loin d'avoir
à redouter la nouvelle ligne, qui, d'ailleurs, dessert une région toute
différente du territoire, le chemin de la Méditerranée n'a qu'à gagner à son
établissement, et que l'accroissement du mouvement commercial de

les matières premières les plus utiles au plus bas prix possible; qui doit désirer qu'une concurrence salutaire existe entre les voies de communication auxquelles il est obligé d'avoir recours; que le commerce marseillais soit assez aveugle pour conspirer contre son propre intérêt, et se fasse l'imprudent auxiliaire de manœuvres dirigées contre lui-même, voilà ce qu'il nous serait impossible de concevoir.

Le négociant marseillais qui n'est pas lié directement ou indirectement avec les compagnies que nous venons d'indiquer sera certainement de notre avis.

Au surplus, afin de montrer combien cette question de la nécessité d'une concurrence entre les voies de transports est essentielle à la ville de Marseille, nous ne croyons pas pouvoir mieux terminer ces réflexions sommaires qu'en citant la délibération prise par la chambre de commerce de cette ville, lorsque, il y a quatre ans, nous l'avons saisie

Marseille, l'augmentation du transit, la multiplication de nos relations avec l'Espagne, le développement de la production dans le Languedoc et la Guienne, la mise en valeur du delta du Rhône, l'essor industriel du port Saint-Louis, la régénération des ports de Bouc et des Martigues, sont autant de nouveaux éléments de trafic créés au profit de la grande ligne qui unit le Nord au Midi. Mais nous aurions beau montrer par des milliers d'exemples empruntés à l'histoire industrielle et commerciale du monde moderne, que le mouvement provoque le mouvement, que la vie appelle la vie, que la richesse enfante la richesse, etc.; tout ce que nous pourrions dire à cet égard ne saurait guérir les gens du mal de la peur, surtout quand cette peur a sa source dans des intérêts privés exclusifs et des préjugés économiques invétérés.

Il nous suffit que ces vérités élémentaires soient bien comprises du Gouvernement et de l'opinion publique pour que nous soyons sans incertitude sur l'avenir.

de la question de l'ouverture du Rhône à la grande navigation maritime au moyen du canal Saint-Louis, et la lettre si énergiquement significative que cette chambre nous fit alors l'honneur de nous adresser.

Bien que, depuis, la chambre de commerce de Marseille soit devenue actionnaire de la Compagnie des docks, qui se rattache par tant de liens à celle de la Méditerranée, pour une somme de 300,000 francs représentant le prix de la cession qu'elle a faite à la première de ces compagnies de l'intérêt qu'elle avait dans l'ancienne Société des bassins de radoub, nous ne pouvons admettre qu'un corps tel que la chambre de commerce de Marseille puisse subordonner à ses intérêts particuliers des principes qui, ainsi qu'elle le déclare elle-même hautement, servent depuis longtemps de base à ses opinions en matière de transports (1).

Voici ces deux importants documents auxquels les regrettables circonstances dans lesquelles nous nous trouvons donnent un caractère d'actualité qui ne peut manquer de frapper tous ceux qui les liront.

___

(1) La chambre de commerce de Marseille vient de recommander à M. le ministre des travaux publics une pétition réclamant le *rachat* des deux canaux : *Latéral à la Garonne* et *du Languedoc*, et la *suppression absolue* des droits de navigation qui les grèvent.

Nul doute que, le cas échéant, la même chambre de commerce ne s'empressât de recommander plus chaleureusement encore le *rachat* et la *gratuité* de toutes les voies navigables, qui, dans la situation où elles se trouvent, sont presque annihilées par la concurrence abusive que leur fait le chemin de la Méditerranée, et qui sont d'un bien autre intérêt pour le commerce marseillais que les deux canaux du Midi.

*La chambre de commerce de Marseille à M. Hippolyte Peut,
à Paris.*

Marseille, 22 septembre 1857.

« MONSIEUR,

» Conformément au désir que vous avez exprimé, notre
chambre vient de statuer sur la demande dont vous l'avez
saisie, et d'émettre un vœu favorable aux améliorations
que vous proposez. Elle s'empresse de vous adresser une
copie de sa délibération, qui est, du reste, conforme aux
opinions qu'elle ne cesse depuis longtemps de formuler
sur la matière.

» *Rien de précieux et de plus indispensable, selon nous,
que l'existence simultanée de voies concurrentes.* Ce n'est
qu'à cette condition qu'on peut sauver le pays des exploi-
tations qu'ont déjà exercées les chemins de fer, et *des
abus plus graves et plus compromettants encore dont nous
sommes menacés.*

» Le commerce de Marseille, qui, à côté de la voie
ferrée, possède une voie fluviale *dont le rôle a été providentiel,* est en position mieux que personne d'apprécier ce

bienfait, et ce n'est pas *le lendemain d'une année de disette, où le souvenir des services de ce fleuve est encore présent à tous les esprits,* que le gouvernement pourrait hésiter à adopter des mesures qui tendent, pour ainsi dire, à reconnaître ces services.

» Veuillez agréer, Monsieur, etc.

J.-B. Pastré, président,

Gaujou, Régis aîné, H. Bernard, E. Raibaud, V. Vaïsse.

Berteaut, secrétaire.

DÉLIBÉRATION DE LA CHAMBRE.

Séance du 15 septembre 1857.

Un membre rend compte à la chambre de diverses demandes tendant à faire cesser :

1º Les difficultés de l'embouchure du Rhône;

2º Les droits exorbitants de navigation qui pèsent principalement sur quelques canaux;

3º Les abus des tarifs différentiels dont les chemins de fer se servent pour ruiner les voies concurrentes;

« Ouï les conclusions du rapporteur, favorables aux vœux exprimés par les pétitionnaires :

» Considérant que les voies d'eau, si justement appelées des *chemins qui marchent,* sont de grands bienfaits pour les pays traversés, et que l'amélioration de cette viabilité naturelle est de haute utilité publique ;

» Considérant que le rôle de ces bienfaisantes artères, loin d'être annulé par l'établissement des chemins de fer, devient plus nécessaire que jamais, comme un correctif des prétentions de ces derniers *qui tendent évidemment au monopole de la circulation;*

» Considérant que le Rhône, notamment, est le moyen le plus économique de communication intérieure entre l'Océan et la Méditerranée ; *qu'il est appelé, par l'importance de ses affluents et le bon marché de ses transports, à devenir l'un des plus énergiques instruments de l'activité manufacturière et du développement commercial de la France ;*

» Qu'il a rempli, dans maintes circonstances, *un rôle providentiel en facilitant les transports d'alimentation publique et dernièrement les convois de grains ;* qu'il a rendu de précieux services dans le passé et qu'il est appelé *à en rendre de non moins précieux dans l'avenir ;*

» Considérant que le meilleur moyen d'assurer cet avenir, c'est de supprimer les embarras matériels qui sont actuellement un obstacle à la navigation continue;

» Considérant, d'autre part, que les voies artificielles, destinées à compléter avec le Rhône la circulation intérieure, sont pour la plupart impraticables, à cause des tarifs exagérés qui grèvent l'usage de leur parcours ; que les droits de navigation, par kilomètre, sont, sur certains canaux, à eux seuls, supérieurs à la totalité des prix de transport kilométriques sur les chemins de fer ;

» Que ces voies, qui devraient être relativement économiques, sont onéreuses ;

» Que, dès lors, elles ne remplissent point les fonctions auxquelles elles sont destinées ;

» Considérant qu'il faut *à tout prix* entretenir, à côté des chemins de fer, une concurrence qui mette un frein à leur tendance envahissante, et que, *seule, l'amélioration de la navigation sur les rivières et les canaux peut amener ce résultat et protéger l'agriculture, l'industrie et le commerce, en un mot tout ce qui constitue les forces vives du pays, contre le danger de la concentration des transports dans les mêmes mains;*

» Considérant que ce danger s'est déjà traduit en fait sur certains points, au moyen des tarifs différentiels dont les chemins de fer usent et abusent pour écraser les voies concurrentes ;

» Qu'il importe de remédier au mal en dégrevant, autant que possible, le parcours de ces voies, de façon à leur laisser tout le bon marché et toute la vitalité dont elles sont susceptibles ;

» *Considérant, enfin, que la question soulevée intéresse au premier chef non-seulement Marseille, mais la France tout entière et une portion notable de l'Europe centrale dont le Rhône est la voie directe et naturelle;*

» Par ces motifs,

» La chambre de commerce de Marseille émet le vœu :

» 1° *Que les embouchures du Rhône deviennent en tout temps accessibles à la navigation, et qu'à cet effet on exécute, dans le plus bref délai possible, les travaux projetés pour résoudre le problème de la barre;*

» 2° Que les droits de navigation sur les canaux soient abaissés de manière à rendre ces voies d'eau praticables pour le commerce et complétives des chemins de fer;

» 3° Que le système des tarifs différentiels soit combattu par tous les moyens que confèrent la législation dont l'esprit est souvent faussé, et les cahiers des charges dont le texte n'est pas toujours suivi à la lettre. »

HIPPOLYTE PEUT.

Paris, 16 octobre 1861.

PARIS. — IMP. CENTRALE DES CHEMINS DE FER DE NAPOLÉON CHAIX ET Cⁱᵉ, RUE BERGÈRE, 20 — 8216